SITZUNGSBERICHTE DER DEUTSCHEN AKADEMIE
DER WISSENSCHAFTEN ZU BERLIN

Klasse für medizinische Wissenschaften
Jahrgang 1952 Nr. 2

JOHANNES DOBBERSTEIN

DIE WÄHRSCHAFTSGESETZE BEIM VIEHHANDEL VOM STANDPUNKT DER FORENSISCHEN VETERINÄRMEDIZIN

1953

AKADEMIE-VERLAG · BERLIN

Vorgetragen in der Gesamtsitzung vom 16. Oktober 1952
Zum Druck genehmigt am gleichen Tage, ausgegeben am 20. April 1953

Erschienen im Akademie-Verlag GmbH., Berlin NW 7, Schiffbauerdamm 19
Veröffentlicht unter der Lizenznummer 1218
des Amtes für Literatur u. Verlagswesen der Deutschen Demokratischen Republik
Satz und Druck der Buchdruckerei F. Mitzlaff, Rudolstadt V/14/7
Bestell- und Verlagsnummer 2010/52/II/2
Preis: DM 2,—
Printed in Germany

Die gerichtliche Veterinärmedizin hat mit dem gleichen Gebiet der Humanmedizin nur wenig gemeinsam. Das Tier wird in der Rechtsprechung im allgemeinen nur als eine, wenn auch belebte Sache behandelt. Erst das Reichstierschutzgesetz hat in dieser Beziehung eine ganz neue Stellung eingenommen, insofern als es das Tier als ein Lebewesen behandelt und ihm gewisse Rechte, wie z. B. den Schutz gegen unnötige Quälerei und rohe Mißhandlung zubilligt. Solange das Tier vor dem Gesetz nur als Sache behandelt wird, können Handlungen wie absichtliche und fahrlässige Tötung, Körperverletzung, Schwangerschaftsunterbrechung bei Tieren auch nur als Sachbeschädigung behandelt werden. Damit fallen aber die wichtigsten Delikte, mit denen sich der Gerichtsmediziner zu beschäftigen hat, für die forensische Veterinärmedizin fort. Es bleibt aus dem StGB. eigentlich nur der § 175 (widernatürliche Unzucht mit Tieren) und der § 263 StGB. (Betrug beim Viehhandel), mit denen sich die gerichtliche Tierheilkunde gelegentlich einmal zu beschäftigen hat. Etwas häufiger sind schon *Vergehen gegen andere Gesetze*, wie das Reichstierschutzgesetz, das Viehseuchengesetz, Fleischbeschaugesetz, Lebensmittelgesetz, Milchgesetz und das Gesetz über den Verkehr mit Betäubungsmitteln (Opiumgesetz) Gegenstand der forensischen Veterinärmedizin.

Das Hauptarbeitsgebiet der gerichtlichen Tierheilkunde liegt indessen unzweifelhaft auf dem Gebiet des *Zivilrechtes*. Hier spielt einmal die *Haftpflicht* eine sehr große Rolle, und zwar sowohl der § 276 BGB., soweit es sich um vertretbare Versehen (sog. Kunstfehler) der Tierärzte, Beschlagschmiede, Kastrierer, Schäfer und ähnlicher Personen handelt, als auch die §§ 833, 834 BGB., die die besondere Haftpflicht des Tierhalters regeln.

Am umfangreichsten aber ist das Arbeitsgebiet, das sich für die gerichtliche Veterinärmedizin aus den gesetzlichen Bestimmungen über den *Kauf und Verkauf von Tieren* ergibt. Die mit den Währschaftsgesetzen zusammenhängenden Fragen stellen das Kernstück der gerichtlichen Veterinärmedizin dar, und dementsprechend haben auch seit jeher alle Fragen, die mit dem Kauf und Verkauf von Tieren zusammenhängen, das Hauptinteresse der gerichtlichen Tierheilkunde in Anspruch genommen.

Die gesetzlichen Bestimmungen für den Handel mit Tieren sind zur Zeit noch in den einzelnen Staaten sehr verschieden. Gemeinsam sind ihnen nur zwei Bestimmungen:

1. Der Verkauf kann immer angefochten werden, wenn dem Verkäufer arglistige Täuschung oder Betrug (dolus) nachgewiesen wird.
2. Der Verkäufer haftet überall für besondere von ihm gegebene Zusicherungen und Versprechen (dictum et promissum) sowie für alle aus einem besonders geschlossenen Kaufvertrag sich ergebenden Folgen.

Abgesehen von diesen Fällen gibt es für die Währschaft folgende vier Möglichkeiten:

I. Der abgeschlossene Kauf ist unanfechtbar; der Verkäufer haftet überhaupt nicht. „Augen für Geld“ — „Geld oder den Beutel“. Dieser Rechtsgrundsatz ist heute noch in der Schweiz und in England gültig.

II. Der Verkäufer haftet stillschweigend nur für ganz bestimmte, gesetzlich festgelegte Mängel (Gewährmängel, Hauptmängel) und auch für sie nur dann, wenn sie sich in einer ganz bestimmten Frist (Gewährfrist) zeigen. Für alle anderen Mängel kann der Käufer keine Regreßansprüche stellen (*germanisches Rechtsprinzip*). Dieser Rechtsgrundsatz liegt den §§ 481—492 BGB. zugrunde, er hat außerdem in Belgien Gültigkeit.

III. Der Verkäufer haftet stillschweigend für alle erheblichen und verborgenen, beim Kaufabschluß vorhandenen Mängel, d. h. für alle Fehler, die den Wert des Tieres oder seine Tauglichkeit zu dem gewöhnlichen oder dem nach dem Vertrag vorausgesetzten Gebrauch aufheben oder mindern (*römisches Rechtsprinzip*, *aedilitisches Edikt*). Das römische (allgemeine) Recht besteht in reiner Form in Dänemark, Italien und Holland und war bis 1900 auch in Oldenburg, Mecklenburg und Hannover gültig.

IV. Die meisten Kulturstaaten haben für den Handel mit Tieren eine Kombination zwischen römischem und germanischem Recht gewählt (*gemischtes Recht*). Der Verkäufer haftet für alle erheblichen und verborgenen Mängel nach römischem Recht; daneben bestehen für einzelne Tierarten noch Gewährmängel mit Gewährfristen für bestimmte, besonders häufig vorkommende Mängel (Code Napoléon, Preuß. Allg. Landrecht, Österreich, Ungarn).

Das BGB. hat sich ebenfalls für ein gemischtes Recht, wenn auch in anderer Form, entschieden. Es hat für den Verkauf der wichtigsten Nutztiere (Pferd, Rind, Schaf und Schwein) ausnahmslos das germanische Rechtsprinzip gewählt (BGB. §§ 481—492). Für den Verkauf aller übrigen Tiere, wie Ziegen, Hunde, Katzen, Pelztiere, Geflügel, Stubenvögel, wilde Tiere, gilt auch in Deutschland das römische Rechtsprinzip (BGB. §§ 459—462). Es ergibt sich also die Tatsache, daß der Verkäufer einer Ziege für alle erheblichen und verborgenen Mängel haftet, während der Verkäufer eines Zuchtschafes nur für einen einzigen Mangel, die Räude, aufzukommen hat.

Nachdem das BGB. jetzt über 50 Jahre in Kraft ist, erscheint es angebracht, die Frage zu untersuchen, welche Erfahrungen man mit dem Viehwährschaftsrecht des BGB. gemacht hat. Bevor ich aber darauf eingehe, ist es vielleicht angebracht, zuerst einmal die *Vor- und Nachteile des römischen und des germanischen Rechtsprinzips* einander gegenüberzustellen.

Das *römische Recht* entspricht weitgehend dem Rechtsempfinden des Laien. Es bietet dem Käufer de jure Sicherheit gegen jede Übervorteilung. De facto wird es dem Käufer aber sehr häufig nicht möglich sein, seine Regreßansprüche durchzusetzen, weil er in jedem Fall erst beweisen muß, daß der gerügte Mangel erheblich war, daß er verborgen war, und daß er bereits zur Zeit der Übergabe wenigstens im Keime vorhanden war. In der Entscheidung dieser Fragen ist der Richter unzweifelhaft auf die Mitwirkung eines tierärztlichen Sachverständigen angewiesen.

Der Nachweis der *Erheblichkeit* bereitet heute keine besonderen Schwierigkeiten, wenn man von der Bestimmung des § 459 BGB. (erhebliche Minderung des Wertes oder der Gebrauchsfähigkeit) dabei ausgeht. Erheblich sind ohne weiteres alle unheilbaren oder unbedingt tödlichen Krankheiten, die in absehbarer Zeit eine wirtschaftliche Nutzung des Tieres unmöglich machen; erheblich sind ferner alle schwer heilbaren Krankheiten, bei denen die Kosten für die Behandlung zusammen mit dem Leistungsausfall während der Rekonvaleszenz in keinem Verhältnis zum Wert des Tieres mehr stehen. Besonders schwerwiegend sind chronische und schwer heilbare Erkrankungen derjenigen Organe, die mit dem besonderen Nutzungszweck des Tieres in unmittelbarer Verbindung stehen, also beim Pferde z. B. Erkrankungen der Muskeln, Knochen, Gelenke und Sehnen, beim Rinde solche des Euters und der Geschlechtsorgane. Soweit es sich bei der Mängelrüge um Krankheiten handelt, wird die Frage der Erheblichkeit allerdings nur durch einen veterinärmedizinischen Sachverständigen beantwortet werden können. Aber auch dann, wenn Charakterfehler oder Untugenden Gegenstand der Mängelrüge sind, wird man häufig auf einen veterinärmedizinischen Sachverständigen nicht verzichten können. Bei der Beurteilung der Erheblichkeit muß selbstverständlich die Höhe des Kaufpreises mit berücksichtigt werden.

Der Nachweis der *Verborgenheit* bereitet im allgemeinen keine Schwierigkeiten. Verborgen sind praktisch alle Mängel, es sei denn, daß der Käufer sie nur bei „grober Fahrlässigkeit“ (§ 460 BGB.) übersehen konnte. Danach sind alle inneren Leiden verborgen. Aber auch äußerlich erkennbare Krankheiten können diese Eigenschaft haben, da der Käufer als Laie sich der tatsächlichen Bedeutung der äußerlich erkennbaren Veränderungen nicht bewußt sein muß.

Die größten Schwierigkeiten ergeben sich im römischen Recht bei der *Altersbestimmung* des Mangels, also beim Nachweis, daß der gerügte Mangel bereits zum Zeitpunkt des Überganges der Gefahr auf den Käufer (§ 483 BGB.) vorhanden war. Diese Frage wird praktisch nur durch einen tierärztlichen Sachverständigen beantwortet werden können. Im allgemeinen ist die Veterinärmedizin heute durchaus in der Lage, wenigstens Mindestfristen für die einzelnen Krankheiten anzugeben, innerhalb deren sie nicht entstehen können. Diese Zahlenangaben sind sehr sicher für die Infektionskrankheiten und die parasitären Erkrankungen, lassen sich aber auch für alle sonstigen Krankheiten mit hinreichender Sicherheit machen. Der Veterinärmediziner befindet sich in dieser Beziehung in einer wesentlich günstigeren Lage als der Humanmediziner, da man im Zweifelsfalle das Streitobjekt auch töten kann, um durch die Obduktion weitere Unterlagen für die Altersbestimmung des Krankheitsprozesses zu erhalten. Schließlich besteht ja auch noch die Möglichkeit, in besonders wichtigen Fällen die Frage der Altersbestimmung auf experimentellem Wege, also durch den Tierversuch, weiter zu klären. Die Altersbestimmung ist um so sicherer, je kürzer die Zeitspanne zwischen dem Übergang der Gefahr und der Erstattung der Mängelrüge bzw. Klageerhebung ist.

Der Kläger kann auf Wandlung oder Minderung klagen. Die im aedilitischen Recht vorgesehene Klagefrist von 6 Monaten wird vom Käufer in der Praxis wohl nur ganz ausnahmsweise einmal ausgenutzt werden können. Fast alle Länder, die das römische oder das gemischte Recht eingeführt haben, beschränken mit Recht die Klagefrist für Viehhandelsstreitigkeiten etwa auf 6 Wochen, wie es auch das BGB. für die Vertragsmängel der Pferde, Rinder, Schafe und Schweine (§ 490 in Verbindung mit § 492 BGB.) vorsieht.

Das *Deutsche Währschaftsprinzip* (germanisches Recht) begünstigt den Verkäufer insofern, als es seine Haftung auf eine stets sehr geringe Zahl von „Gewährmängeln" (Hauptmängeln) beschränkt. Der Käufer kann seine Regreßansprüche außerdem nur dann geltend machen, wenn das Vorliegen des Gewährmangels sich innerhalb einer bestimmten, für jeden Gewährmangel besonders festgesetzten Frist (Gewährfrist) zeigt. Der einzige Nachteil, den das germanische Recht für den Verkäufer mit sich bringt, besteht darin, daß er auch dann für einen Hauptmangel in Anspruch genommen werden kann, wenn derselbe sich erst nach der Übergabe — aber innerhalb der Gewährfrist — entwickelt hat. Hiergegen kann sich der Verkäufer nur durch den sehr schwer zu erbringenden „Gegenbeweis" wehren. Der Käufer kann nur auf Wandlung klagen; die Klagefrist ist auf 6 Wochen nach Ablauf der Gewährfrist begrenzt.

Die Vorzüge des deutschen Währschaftsprinzips werden in einer starken Einschränkung der Viehhandelsprozesse und in einer Vereinfachung des Gerichtsverfahrens erblickt. Der Käufer hat praktisch nur zu beweisen, daß sich der Gewährmangel innerhalb der vorgeschriebenen Gewährfrist gezeigt hat. Ist das der Fall, dann darf der Richter bis zu dem nur sehr selten zu erbringenden Beweis des Gegenteils durch den Verkäufer auch ohne weiteres vermuten, daß der Mangel bereits beim Kaufabschluß vorhanden war (praesumptio juris). Dadurch wird der Richter von der Mitwirkung besonderer Sachverständiger weitgehend unabhängig, da die sachverständige Beurteilung des Mangels bereits in der Gewährmängelliste und der Gewährfrist enthalten ist. Die Gewährfrist ist im allgemeinen identisch mit der Mindestfrist, innerhalb deren sich der Mangel erfahrungsgemäß nicht entwickeln kann. Daß der Käufer durch die Einführung einer solchen Mindestfrist in der vollen Geltendmachung seiner Regreßansprüche weiter eingeschränkt wird, könnte noch am ehesten hingenommen werden, wenn man berücksichtigt, daß er dafür der Beweislast für Erheblichkeit, Verborgenheit und Alter des Leidens enthoben ist.

Das deutschrechtliche Währschaftsprinzip hat aber mit verschiedenen sachlichen Schwierigkeiten zu kämpfen. Die größte derselben besteht wohl in der Aufstellung der Gewährmängelliste. Nur solche Mängel, die häufiger Gegenstand eines Rechtsstreites sind, in weiter Verbreitung vorkommen und gleichzeitig verborgen und erheblich sind, können in die Gewährmängelliste aufgenommen werden. Um den Käufer in seinen Rechten nicht allzusehr zu beschränken, darf die Zahl der Mängel wiederum nicht so stark eingeschränkt werden, wie es zur Zeit der Fall ist. Es hat in Deutschland auch nicht an Versuchen und Anträgen gefehlt, den in der Kaiserlichen Verordnung betreffend die Hauptmängel und Gewährfristen beim Viehhandel vom 27. März 1899 aufgeführten Hauptmängeln noch weitere hinzuzufügen. Ein Erfolg war derartigen Bemühungen aber bisher nie beschieden, sie wurden von den tierärztlichen Obergutachterbehörden und den Vertretern der gerichtlichen Tierheilkunde stets abgelehnt mit der Begründung, daß nur eine kardinale Änderung der §§ 481—492 des BGB. die Mißstände beim Viehhandel beseitigen können.

Eine Hauptmängelliste muß ferner in gewissen Zeitabständen revidiert und einschließlich der Gewährfristen den jeweiligen wissenschaftlichen Erkenntnissen angepaßt werden. Es ist unmöglich, eine Hauptmängelliste aufzustellen, die 50 Jahre und länger den tatsächlichen Verhältnissen gerecht wird. Schließlich muß gefordert werden, daß die Hauptmängelliste auch eine eindeutige Definition dessen bringt, was unter dem betreffenden Hauptmangel verstanden werden soll. Die augenblickliche Hauptmängelliste bringt für die Hauptmängel „Koppen" und „Schweineseuche einschließlich Schweinepest" gar keine und für den Hauptmangel „Dummkoller" eine unzureichende Definition. Soweit die Hauptmängel mit bestimmten Krankheiten identisch sind, bereiten derartige Definitionen keine besonderen Schwierigkeiten; die Definition wird aber sofort sehr schwer, wenn dem Hauptmangel im wesentlichen eine Organstörung, also ein klinisches Symptom (Atembeschwerde, Atemgeräusch, Bewußtseinstörung usw.), zugrunde liegt.

Welche Erfahrungen hat man nun seit der Einführung des BGB. mit den §§ 481—492 gemacht? Diese Frage ist bereits mehrfach von veterinärmedizinischer Seite unter anderem von DIECKERHOFF, MALKMUS, FRÖHNER, BAUM, VÖLKER, NEUMANN-KLEINPAUL behandelt worden.

Zuerst muß hervorgehoben werden, daß eigentlich nur die Kreise, die sich berufsmäßig mit dem Viehhandel beschäftigen, die Bestimmungen des BGB. genauer kennen. Der großen Masse der Tierbesitzer sind die Vorschriften des BGB. auch heute noch nicht zum Bewußtsein gekommen. Diese Unkenntnis machen sich manche Viehhändler dadurch zunutze, daß sie dem Käufer schriftlich bestätigen und auf Wunsch ihm auch ein tierärztliches Attest dafür beibringen, daß das Tier frei von allen gesetzlichen Mängeln sei, um dadurch beim Käufer den Eindruck einer besonders weitgehenden Garantie zu erwecken, während der Verkäufer dabei in Wirklichkeit nur etwas zusichert, wozu er bereits gesetzlich verpflichtet war. Der einfache Mann denkt auch heute — 50 Jahre nach Einführung des BGB. — beim Viehhandel immer noch in den Bestimmungen des gemeinen (römischen) Rechtes.

Es hat sich andererseits als zutreffend erwiesen, daß nach Einführung des deutschrechtlichen Währschaftsprinzips die Zahl der *Rechtsstreitigkeiten im Viehhandel* gegenüber der Zeit vor 1900 *abgenommen hat* (FRÖHNER, MALKMUS, STÖLZLE). Die allgemeine Erfahrung geht heute dahin, daß die Zahl der Viehwährschaftsprozesse ganz wesentlich von der allgemeinen Wirtschaftslage abhängt. Bei steigenden Viehpreisen werden Rechtsstreitigkeiten um Tiere seltener anhängig gemacht, weil der Verkäufer leichter zu einer Wandlung bereit ist, da er bei steigender Nachfrage damit rechnen kann, das bemängelte Tier zum gleichen oder noch höheren Preis bald wieder zu verkaufen. Aus dem gleichen Grunde nahmen die Viehwährschaftsprozesse bei sinkender Konjunktur regelmäßig an Zahl zu.

Beim *Verkauf von Rindern* weicht der Käufer ferner den Beschränkungen der §§ 481—492 fast immer dadurch aus, daß er sich besondere Zusicherungen machen läßt, die bei Bullen in der Zusicherung der Zuchttauglichkeit, bei Kühen in der der Trächtigkeit oder eines bestimmten Milchertrages liegen. Er erhält also neben der beim Rinde ganz belanglosen Hauptmängelgarantie noch weitere, sehr wichtige Garantien, für die ihm unter Fortfall der Anzeigefrist eine Klagefrist von 6 Wochen zusteht. Da Trächtigkeit und Laktation sehr wesentlich mit dem allgemeinen Gesundheitszustand zusammenhängen, erhält der Käufer dadurch, wenn auch indirekt, bereits eine ziemlich weitgehende Garantie für Gesundheit.

Sehr selten sind ferner Prozesse auf Grund der *Hauptmängel bei Schlachttieren.* Die Gründe sind verschieden. Beim Großhandel gehen die Tiere bis zur Schlachtung oft durch 4—5 Hände, so daß sich der ursprüngliche Besitzer gar nicht mehr ermitteln läßt. Das Fleischergewerbe ist ferner gegen Ausfälle bei der Schlachtung durch eine Versicherung weitgehend gedeckt. Der kleine Gewerbetreibende pflegt in zweifelhaften Fällen (Notschlachtungen) den Kauf unter Vorbehalt abzuschließen, indem er den Kauf davon abhängig macht, daß der Körper des Tieres bei der Fleischbeschau uneingeschränkt tauglich erachtet wird. Man könnte daher ohne wesentliche Nachteile für den Käufer auf die Hauptmängelliste bei Schlachttieren verzichten, wie es bereits FRÖHNER vorgeschlagen hat. Viele Staaten kennen Hauptmängel bei Schlachttieren gar nicht, andere machen die Regreßpflicht des Verkäufers davon abhängig, daß das Tier innerhalb eines bestimmten, stets sehr eng bemessenen Umkreises vom Wohnort des Verkäufers zur Schlachtung kommt. Ein praktisches Bedürfnis besteht wenigstens für die Hauptmängel bei Schlachttieren nicht.

Was die in der Kaiserlichen Verordnung enthaltene *Hauptmängelliste bei Nutz- und Zuchttieren* anbetrifft, so ist sie heute überholt und entspricht auch stellenweise nicht mehr den Erkenntnissen der Wissenschaft. Beispielsweise kommen der Rotz des Pferdes und die Lungenseuche des Rindes schon seit längerer Zeit in Deutschland teils gar nicht mehr vor, teils gehören sie zu den allergrößten Seltenheiten. Die Gewährfrist ist als Praesumptionsfrist bei verschiedenen Hauptmängeln heute wissenschaftlich insofern nicht mehr haltbar, als feststeht, daß verschiedene Hauptmängel, z. B. die Schweinepest, sich auch in kürzerer Zeit als der Gewährfrist entwickeln können.

Schließlich steht auch die *Zahl der* in der Kaiserlichen Verordnung für die einzelnen Tierarten aufgeführten *Hauptmängel* in keinem Verhältnis zu der Größe und volkswirtschaftlichen Bedeutung der heutigen Tierbestände. So betrug die Zahl der Pferde in Deutschland im Jahre 1938 3,43 Mill., die der Rinder aber 20,5 Mill. Es gab also rund sechsmal soviel Rinder als Pferde. Im Gegensatz hierzu stehen dem Käufer eines Pferdes sechs Hauptmängel, dem eines Rindes aber nur zwei Hauptmängel, die zudem praktisch fast bedeutungslos sind, zur Verfügung. Der Käufer eines Rindes ist also gegenüber dem Käufer eines Pferdes offensichtlich benachteiligt. Es ist vorauszusehen, daß die Bedeutung des Rindes in volkswirtschaftlicher Hinsicht in Zukunft noch weiter steigen wird, während die Bedeutung des Pferdes weiter abnehmen wird.

Man kann mithin sagen, daß die Viehwährschaftsgesetze im BGB. von Anfang an nicht die Erwartungen erfüllt haben, die man auf sie gesetzt hat, und daß sie dringend einer Neubearbeitung bedürfen. Die gerichtliche Tierheilkunde hat diesen

Standpunkt immer vertreten und hat auch bei den Beratungen vor Einführung des BGB. ständig darauf hingewiesen, daß das deutschrechtliche Prinzip der §§ 481—492 weder den Interessen des Käufers noch denen des Verkäufers gerecht wird. Die Viehwährschaftsbestimmungen des BGB. entsprechen weder den Bedürfnissen der Praxis noch denen der veterinärmedizinischen Erfahrung; es muß gefordert werden, daß sie bei einer Neuregelung des Obligationsrechtes unbedingt geändert werden. Hierüber sind sich alle Vertreter der gerichtlichen Veterinärmedizin einig.

Es fragt sich jetzt, was an die Stelle der heute gültigen Bestimmungen des BGB. gesetzt werden soll. Ganz gleich für welches Rechtsprinzip man sich später einmal entscheiden wird, so sollte man folgende Punkte dabei unter allen Umständen berücksichtigen:

1. Die Bestimmungen müssen für den Verkauf *aller* Nutz- und Zuchttiere ganz gleich welcher Art Geltung haben. Der Verkäufer von Schlachttieren haftet grundsätzlich nur für Mängel, deren Abwesenheit er besonders zugesichert hat. Es gibt daher auch keine Hauptmängel für Schlachttiere.

2. Die *Klagefrist* wird für Rechtsstreitigkeiten aus dem Handel mit Tieren wesentlich beschränkt und sollte nicht mehr als 6 Wochen betragen. Die im aedilitischen Edikt vorgesehene Klagefrist von 6 Monaten kann, wie bereits oben ausgeführt, vom Käufer praktisch doch nie ausgenutzt werden.

3. Als Rechtsmittel soll dem Käufer nur die *Wandlungsklage* (actio redhibitoria) zur Verfügung stehen. Die vertragliche Vereinbarung anderer Klageformen, wie der Minderungsklage (actio quanti minoris, actio aestimatoria) und der Schadenersatzklage (actio empti) ist zulässig. Als Begründung muß darauf hingewiesen werden, daß der gewerbsmäßige Händler erfahrungsgemäß, solange das Streitobjekt noch am Leben ist, eher dazu bereit ist, sich mit der Wandlung als mit einem Preisnachlaß

einverstanden zu erklären. Die Minderungsklage verleitet andererseits den Käufer dazu, den Preisnachlaß, den er beim Handel um das Tier nicht erlangen konnte, nachträglich auf dem Umwege über eine Mängelrüge in Verbindung mit einer Minderungsklage doch noch zu erreichen.

4. Schließlich erscheint es zweckmäßig, die *veterinärpolizeilich bekämpften Viehseuchen* insofern besonders zu behandeln, als bei ihrem Vorliegen der Kauf dann stets rechtsungültig ist, wenn feststeht, daß der Keim der Krankheit bereits bei der Übergabe vorhanden war. Diese Regelung erscheint heute nach Erlaß des Viehseuchengesetzes angebracht; sie findet sich bereits im französischen Recht und erscheint nachahmenswert. Praktisch würde diese Regelung keine Schwierigkeiten bereiten, weil bereits die veterinärpolizeiliche Erhebung und amtliche Feststellung der Seuche sehr gute Unterlagen für die Rechtsprechung ergeben dürften. Zu den Ermittlungen der Veterinärpolizei gehört es, in Seuchenfällen regelmäßig die Herkunft der Seuche zu ermitteln. Ergibt sich dabei, daß das an der Seuche erkrankte Tier vor einiger Zeit gekauft worden ist, dann werden sich die veterinärpolizeilichen Ermittlungen auch immer auf den Herkunftsbestand erstrecken. In Verbindung mit unserer heutigen sehr genauen Kenntnis über die Inkubationszeit der einzelnen Tierseuchen wird es zusammen mit den Ermittlungen der Veterinärpolizei auch stets möglich sein, die Frage zu klären, ob der Keim der Krankheit bereits bei der Übergabe vorhanden war. Da der Besitzer des Tieres, im Falle, daß dasselbe an der Seuche stirbt oder auf polizeiliche Anordnung getötet werden muß, in den meisten Fällen aus öffentlichen Mitteln eine Entschädigung erhält, die sich zwischen drei Viertel und vier Fünftel des gemeinen Wertes bewegt, so würden durch die vorgeschlagene Regelung auch die wirtschaftlichen Belange der Parteien nicht wesentlich beeinträchtigt werden. Die Liste der anzeigepflichtigen Seuchen kann jederzeit

aus dem Viehseuchengesetz entnommen werden. Sie läßt sich wesentlich leichter ändern als die Bestimmungen eines bürgerlichen Gesetzbuches.

Da das deutschrechtliche Prinzip für den Viehhandel aus den oben angeführten Gründen abzulehnen ist, bleiben noch folgende Möglichkeiten:

1. Gesetzlicher *Ausschluß jeder Garantie.* Bei dieser Regelung würde der Käufer meistens den Abschluß eines besonderen Vertrages anstreben. Da derartige Verträge in der Regel mündlich und ohne Mitwirkung eines Juristen erfolgen, würde die Beweisaufnahme noch mehr als beim römischen Recht erschwert werden, da das Gericht in der Regel zuerst den Willen der Parteien beim Vertragsabschluß festzustellen hätte. Das wäre aber eine Verschlechterung gegenüber dem zur Zeit geltenden Recht.

2. Einführung des *römischen Rechtsprinzips.* Bei ihm würde sich die Beweisaufnahme schwieriger und zeitraubender als bisher gestalten. Der Richter ist in allen wesentlichen Punkten von der Mitwirkung eines Sachverständigen abhängig. Es kommt beim römischen Rechtsprinzip ganz wesentlich darauf an, daß dem Richter stets erfahrene, auf dem Gebiet der forensischen Veterinärmedizin besonders ausgebildete Sachverständige zur Verfügung stehen.

3. Das *gemischte Recht,* das als Grundlage das römische Recht hat, die Prozeßführung aber dadurch zu erleichtern versucht, daß es eine Anzahl besonders häufiger Mängel als Hauptmängel mit entsprechender Gewährfrist und allen sich daraus ergebenden rechtlichen Folgen zusammenfaßt. Der Zweck des gemischten Rechtes kann nur erreicht werden, wenn die Hauptmängelliste wirklich alle häufiger vorkommenden Mängel umfaßt, wenn sie mit anderen Worten verhältnismäßig umfangreich ist. Sie muß ferner in gewissen Zwischenräumen dem jeweiligen Stand der veterinärmedizinischen Wissenschaft angepaßt werden, da sie sonst bald veralten würde.

Für welche der beiden Möglichkeiten man sich auch entscheiden mag, stets wird das Gericht dabei auf eine enge Zusammenarbeit mit einem veterinärmedizinischen Sachverständigen angewiesen sein, und zwar beim römischen Recht praktisch immer, beim gemischten Recht in allen nicht in der Hauptmängelliste enthaltenen Fehlern. Es kommt bei beiden Formen der Viehwährschaft ganz wesentlich darauf an, daß der veterinärmedizinische Sachverständige seinen Aufgaben auch tatsächlich gewachsen ist und eine besondere Vorbildung auf dem Gebiet der gerichtlichen Tierheilkunde erfahren hat. Das bedeutet mit anderen Worten, daß bei Einführung des römischen oder gemischten Rechtes nicht mehr jeder beliebige Tierarzt als Sachverständiger mitwirken könnte, sondern daß diese Funktion einzelnen, vom Gericht als vereidigte Sachverständige zugelassenen Tierärzten vorbehalten bleiben müßte.

Damit kommen wir zu einem Punkt, der bei der Diskussion der ganzen Frage bisher noch gar keine Berücksichtigung gefunden hat. Man hat sich bisher stets bemüht, die auf dem Gebiet des Handels mit Tieren unzweifelhaft bestehenden Unzulänglichkeiten durch Änderung im Wortlauf der Gesetze zu beseitigen oder zum mindesten doch zu verringern. Man hat aber noch niemals die Frage untersucht, ob nicht die auf der Prozeßordnung beruhende *Art der Prozeßführung* für viele Mängel bei Viehwährschaftsprozessen verantwortlich zu machen ist. Ganz ohne Zweifel hängt die Bildung von *Schiedsgerichten*, wie sie verschiedene Organisationen für ihre Mitglieder geschaffen haben, mit der Unzulänglichkeit der Prozeßführung beim öffentlichen Gericht zusammen. Diese Schiedsgerichte sind zwar nicht mit veterinärmedizinischen Sachverständigen, wohl aber mit Fachleuten besetzt, die offensichtlich schneller die wesentlichen Streitfragen aufzuklären in der Lage sind, als ein öffentliches Gericht es vermag. Es fragt sich daher, ob man nicht die Vorzüge des Schiedsgerichtsverfahrens auf die öffentliche Rechtsprechung übertragen kann, ohne die ohne Zweifel mit dem Schiedsgericht verbundenen Nachteile mit übernehmen zu müssen.

Der übliche Ablauf eines Viehwährschaftsprozesses ist doch so, daß beim ersten Termin über die Beweiserhebung Beschluß gefaßt wird. Gleichzeitig wird über die Vernehmung der angebotenen Zeugen verhandelt. Da aber weder der Richter noch die Rechtsbeistände der Parteien sachverständig sind, vermögen sie auch nicht ohne weiteres zu beurteilen, ob die angebotenen Zeugen für die Entscheidung des Streitfalles wesentlich sind oder nicht. Es werden daher häufig viel zu viel Zeugen vernommen, weil das Gericht eben nicht ohne weiteres wissen kann, welche Tatsachen für die Entscheidung des Streitfalles wesentlich sind und welche nur nebensächlich oder belanglos sind. Nach Abschluß der Beweiserhebung muß das Gericht dann einen Sachverständigen hinzuziehen, der bestimmte, ihm vorgelegte „Beweisfragen" beantworten soll. Da gegen das erste Gutachten häufig ein Gegengutachten vorgebracht wird, muß das Gericht noch ein Obergutachten anfordern, bevor es zur Urteilsverkündung kommt. Der Nachteil des Verfahrens liegt offensichtlich darin, daß die Sachverständigen viel zu spät vom Gericht hinzugezogen werden. Würde man den Sachverständigen bereits bei der Zeugenvernehmung hinzuziehen, dann könnten dadurch sowohl Dauer als auch Kosten des Rechtsstreites in vielen Fällen erheblich verringert werden.

Nehmen wir z. B. den Fall, daß ein Rind 14 Tage nach dem Kauf an einer traumatischen Perikarditis stirbt. Eine Sektion hat nicht stattgefunden, der Abdecker bekundet lediglich, daß das Rind einen Fremdkörper und eine Verwachsung der Haube mit dem Zwerchfell gehabt habe. Der Käufer klagt auf Wandlung. Bei dieser Sachlage würde ein Sachverständiger das Gericht sofort darüber belehren können, daß außer dem Abdecker nur noch Zeugen in Betracht kommen, die das Rind vor der Übergabe oder am Tage der Übergabe gesehen haben. Kann der Kläger solche Zeugen nicht beibringen, dann kann die Beweisaufnahme auch sofort abgeschlossen werden, und das Urteil unter Umständen bereits im zweiten Termin verkündet werden.

Es kommt mithin im wesentlichen darauf an, daß dem Richter von Anfang an ein oder mehrere sachverständige Beisitzer beigegeben werden, die berechtigt sind, in die Zeugenvernehmung einzugreifen und an die Zeugen Fragen zu stellen. Nach Abschluß der Beweisaufnahme kann sich der Richter mit den Beisitzern zurückziehen, um den Fall mit ihnen zu besprechen und sich von ihnen unmittelbar sachverständig beraten zu lassen. Ob die Beisitzer bei der Urteilsfindung aktiv mitwirken, oder ob die Urteilsfindung dem Richter allein vorbehalten bleibt, ist eine rein juristische Frage, die sich meiner Beurteilung entzieht. Auch über die Zahl der Beisitzer kann man noch streiten. Im allgemeinen dürften zwei Beisitzer genügen, von denen einer den Kreisen der Viehhändler oder Landwirte zu entnehmen wäre, während der andere ein auf dem Gebiet der gerichtlichen Tierheilkunde besonders ausgebildeter Tierarzt sein müßte. Die Beisitzer wären vom Gericht für einen längeren Zeitraum zu ernennen und auf ihre Tätigkeit zu vereidigen. Die Überweisung aller Viehwährschaftsprozesse an ein derartiges aus einem Richter und zwei sachverständigen Beisitzern bestehendes Spezialgericht, eine „*Viehwährschaftskammer*“, würde verschiedene Vorteile mit sich bringen.

Die Mitglieder eines derartigen Gerichtes würden sich sehr bald eine besondere Sachkenntnis in der Behandlung von Währschaftsklagen erwerben. Der Jurist würde tiefer in das Gebiet der gerichtlichen Tierheilkunde eindringen, während die Beisitzer den rein juristischen Fragen mehr Verständnis entgegenbringen würden. Eine derartige „Viehwährschaftskammer“ würde daher anstehende Rechtsstreitigkeiten schneller und sachgemäßer entscheiden können, als es heute der Fall ist. Dadurch würden sich aber auch die Kosten des Rechtsstreites erheblich vermindern, auch wenn man berücksichtigt, daß die Beisitzer eine Entschädigung für ihre Mitwirkung erhalten müßten.

Da der Richter sich laufend während des Prozesses mit den sachverständigen Beisitzern beraten kann, dürften sich umfangreiche sachverständige Gutachten häufig erübrigen, ohne daß die Rechte der Parteien dadurch eingeschränkt würden, da jede Partei ja jederzeit noch ein Obergutachten anfordern kann. Das Obergutachten wird dann aber schnell und zuverlässig erstattet werden können, weil die von einem solchen Spezialgericht angelegten Akten bereits alle für die Klärung des Falles wesentlichen Angaben enthalten dürften. Sobald der tierärztliche Beisitzer feststellt, daß er die strittige Frage nicht abschließend beurteilen kann, wird er dem Gericht schon von sich aus die sofortige Einholung eines begründeten Gutachtens durch eine Obergutachterbehörde vorschlagen. Dadurch werden die umständlichen und der Entscheidung meistens nicht dienenden Gutachten und Gegengutachten der Parteien vermieden, und die Frage wird sofort in letzter Instanz, wenigstens was ihre wissenschaftliche Seite anbetrifft, entschieden.

Mit der Erstattung der Obergutachten sind ausschließlich besondere, vom Staat zu berufende *Obergutachterbehörden* zu beauftragen, die gleichzeitig höchste Gutachterinstanz sind. Die Obergutachterbehörde hätte endgültig zu entscheiden, unter welchen Voraussetzungen der strittige Mangel erheblich und verborgen ist und innerhalb welcher Mindestfrist er sich nicht entwickeln kann bzw. nach welchen Richtlinien seine Altersbestimmung ganz allgemein zu erfolgen hat. Die Tätigkeit dieser Gutachterbehörde würde die Weiterentwicklung der forensischen Veterinärmedizin sehr günstig beeinflussen; ihre Obergutachten würden außerdem eine besondere Hauptmängelliste weitgehend überflüssig machen.

Die vorgeschlagene Sonderregelung für Viehwährschaftsprozesse würde zur Folge haben, daß man ohne weiteres beim Verkauf „lebender Sachen" zum römisch-rechtlichen Prinzip zurückkehren könnte, da die dauernde Anwesenheit sachverständiger Beisitzer während der gesamten Prozeßführung und das Bestehen einer besonderen Obergutachterbehörde die dem römischen Rechtsprinzip bisher anhaftenden Nachteile weitgehend ausgleichen würden. Ich gebe zu, daß die vorgeschlagene Regelung im ersten Augenblick ungewöhnlich erscheinen mag, aber der Handel mit lebenden Sachen verlangt eine andere Regelung als der Handel mit unbelebten Sachen, er würde mithin auch eine besondere Regelung des Prozeßverfahrens gerechtfertigt erscheinen lassen.

Zusammenfassend geht mein Vorschlag dahin, daß bei einer Neuregelung der gesetzlichen Bestimmung für den Handel mit lebenden Tieren das römische Rechtsprinzip zugrunde gelegt werden soll mit der Einschränkung, daß nur die Wandlungsklage zulässig ist, daß die Klagefrist auf 6 Wochen beschränkt wird, daß die Verhandlung vor einer besonderen Viehwährschaftskammer stattzufinden hat, der außer dem Juristen als Vorsitzenden doch mindestens zwei sachverständige Beisitzer angehören müssen, und daß als oberste Gutachterinstanz eine besondere Gutachterbehörde vom Staat geschaffen wird.

Literaturverzeichnis

BAUM, K.: Genügen die Bestimmungen des BGB. für das Deutsche Reich über die Gewährleistungspflicht des Verkäufers beim Handel mit Haustieren den Anforderungen des Verkehrs? Deutsch. tierärztl. Wschr. **1911,** S. 113—117.

DIECKERHOFF: Die Gewährvorschriften im BGB. und ihr Einfluß auf den Viehhandelsverkehr. Zschr. f. Veterinärkde. **1903,** S. 1—10.

FRÖHNER, E.: Ist die Kaiserliche Verordnung vom 27. März 1899 betr. die Hauptmängel und Gewährfristen beim Viehhandel einer Revision bedürftig? Berlin 1906, Verlag R. Schoetz.

MALKMUS: Revision der Hauptmängelliste. Deutsche tierärztl. Wschr. **1911,** S. 261—267.

NEUMANN-KLEINPAUL, K.: Über die deutsche Währschaftsgesetzgebung beim Tierkauf. Berl. tierärztl. Wschr. **1932,** S. 365—369.

STÖLZLE: Viehkauf. 7. Aufl. 1935.

VÖLKER, R.: Inwieweit haben sich die Sonderbestimmungen des BGB. über den Viehkauf bewährt? Tierärztl. Rundsch. **1924,** S. 253—258.

Bei Fragen zur Produktsicherheit wenden Sie sich bitte an:
If you have any questions regarding product safety,
please contact:

Walter de Gruyter GmbH
Genthiner Straße 13
10785 Berlin
productsafety@degruyterbrill.com